Inhalt

Bilanzpolizei - Festgestellte Bilanzierungsfehler und Wege zu deren Vermeidung

Kernthesen

Beitrag

Fallbeispiele

Weiterführende Literatur

Impressum

GENIOS WirtschaftsWissen Nr. 03 vom 02.03.2012

Bilanzpolizei - Festgestellte Bilanzierungsfehler und Wege zu deren Vermeidung

Annett Kaindl

Kernthesen

- Jedes fünfte börsenorientierte Unternehmen weist in seinem Abschluss Fehler auf.
- Zu diesem Ergebnis kommt die Bilanzpolizei.
- Die meisten Fehler betreffen Schwierigkeiten bei der Anwendung der internationalen Rechnungslegungsvorschriften.

Beitrag

Bilanzpolizei deckte 2011 zahlreiche Fehler auf

Die privatrechtlich organisierte Deutsche Prüfstelle für Rechnungslegung (DPR) prüft seit dem 1. Juli 2005 die Rechnungslegung von Unternehmen, die am regulierten Markt in Deutschland vertreten sind. Dadurch sollen Bilanzskandale vermieden und die Interessen des Kapitalmarktes gewahrt werden. Die DPR, auch als Bilanzpolizei bezeichnet, hat 2011 die Jahresabschlüsse von 110 börsenorientierten Unternehmen geprüft. Die Fehlerquote betrug 19 Prozent. Bei 19 von 100 Unternehmen sind also in testierten Jahresabschlüssen Fehler festgestellt worden, in der Regel sogar zwei bis drei Fehler je Unternehmen. Die meisten Fehler betreffen Schwierigkeiten bei der Anwendung der internationalen Rechnungslegungsvorschriften, den International Financial Reporting Standards (IFRS). (1), (5)

Kritik der Bilanzpolizei an den geltenden IFRS

Die Bilanzpolizei kritisiert, dass einige Vorschriften in den IFRS für Dritte nicht überprüfbar sind. Ein solides

Urteil über die Bilanzierung ist in vielen Fällen weder für den Abschlussprüfer noch für die Bilanzpolizei möglich. Das schreibt die Prüfstelle in einer Stellungnahme an das International Accounting Standards Board (IASB) in London, das für die Erstellung des Regelwerks IFRS verantwortlich ist. Überall dort, wo die IFRS einen Zeitwert (Fair Value) fordern, tragen subjektive Annahmen dazu bei, dass die Wertansätze den Kapitalmarktanforderungen nach Verlässlichkeit und Vergleichbarkeit nicht gerecht werden. Die DPR hält Bilanzinformationen für den Kapitalmarkt nur dann für nützlich, wenn diese nachgeprüft werden können. Dies ist der Fall, wenn Marktwerte sich wie bei Börsenkursen täglich nachvollziehen lassen. Vollkommen anders sieht es jedoch aus, wenn die Bewertungen sich aus subjektiven Modellrechnungen ableiten, deren Parameter kaum oder gar nicht aus extern beobachtbaren Quellen abgeleitet werden. (2)

Kritisch sieht die Prüfstelle, dass der IASB dem Jahresergebnis in der Gewinn- und Verlustrechnung eine immer geringere Bedeutung zuschreibt. Stattdessen werden Änderungen in der Vermögenssituation eines Unternehmens vermehrt in der Bilanz unter dem Eigenkapital dargestellt. Aus Sicht der DPR kommt dem jährlichen Gewinn oder Verlust jedoch eine überaus prominente Bedeutung zu, um die Performance eines Unternehmens zu beurteilen. (6)

In ihrer Kritik an den bestehenden Regeln beruft sich die Prüfstelle auf ihre 650 bisher geprüften Jahresabschlüsse nach IFRS. Dabei konnten tiefe Einblicke in Sachverhalte gewonnen werden, deren Abbildung in den Jahresabschlüssen dem Ziel einer transparenten, nutzenorientierten Information des Kapitalmarktes zuwiderläuft. (2)

Häufige Fehlerquellen, die von der Bilanzpolizei ausgemacht wurdenMit dem Marktwert bewertete Immobilien: Die Bewertung von Immobilien mit dem Zeitwert eröffnet dem bewertenden Unternehmen einen so großen Spielraum, dass die Angaben im Jahresabschluss wenig nützliche Informationen für den Kapitalmarkt bieten und in manchen Fällen offensichtlich bewusst zu Werten führen, die

nicht sachgerecht sind. Da für viele Industrieimmobilien kein aktiver Markt existiert, wird der Wert einer Immobilie nach der Cashflow-Methode festgestellt. Dabei werden die künftig zu erwartenden Einnahmen berechnet und auf die Gegenwart abgezinst. In die Erwartung gehen viele Annahmen über die Entwicklung der Mieten, über den Vermietungsstand beziehungsweise Leerstand oder über die Entwicklung des Umfelds der Immobilie ein, die sehr subjektiv geprägt sind. (2)

Ausweis von Entwicklungskosten in der Bilanz: Forschungs- und Entwicklungskosten müssen nicht direkt in der Gewinn- und Verlustrechnung als Aufwand erfasst werden, sondern können in der Bilanz aktiviert werden. Der Ausweis von

Entwicklungskosten in der Bilanz ist von vielen subjektiven Einflüssen geprägt. Das an sich theoretisch gute Konzept ist unpraktikabel, weil beispielsweise der Nachweis des zukünftigen wirtschaftlichen Nutzens oder der technischen Realisierbarkeit einer Entwicklung eine nicht objektiv überprüfbare Einschätzung des Managements voraussetzt. Das hat zur Folge, dass manche Unternehmen den gleichen Entwicklungsaufwand überhaupt nicht und andere in voller Höhe in der Bilanz aktivieren. (2), (4)

Bewertung von Geschäfts- und Firmenwerten (auch Goodwill): Unter einem Goodwill ist folgendes zu verstehen: Wird ein Unternehmen übernommen, ist der Käufer verpflichtet, das Vermögen seiner neuen Tochter buchhalterisch in Einzelteile zu zerlegen. Patente, Maschinen, Immobilien: Jede Position ist neu zu bewerten. Die Differenz zwischen dem bezahlten Kaufpreis für das Unternehmen und dem neu bewerteten Vermögen ist die Übernahmeprämie, auch Goodwill oder Firmenwert genannt. Diese Prämie wird in der Bilanz des Käufers als Vermögensposten gezeigt. (4)

Die Bilanzierungsvorschriften eröffnen den Unternehmen bei der Bilanzierung eines Goodwill große Spielräume. Bis 2004 musste ein Goodwill über einen bestimmten Zeitraum abgeschrieben werden. Seit 2004 sind die Unternehmen verpflichtet, wenigstens einmal im Jahr zu testen, ob die einstmals gezahlte Prämie gerechtfertigt war. Nur dann, wenn dies nicht mehr der Fall ist, muss eine Abschreibung auf den Goodwill vorgenommen werden. Indizien für einen Abschreibungsbedarf sind Konjunktur und Kursentwicklung an den Börsen. Obwohl die Aktienkurse in den letzten Jahren gefallen sind, haben die Unternehmen in nur sehr geringem Umfang Abschreibungen auf ihre Firmenwerte vorgenommen. Den Bilanzhütern von der DPR bereitet die zögerliche Abwertung von Firmenwerten Sorge. Zuweilen stoßen sie auf abstruse Annahmen der Unternehmen, die eine nicht vorgenommene Abschreibung rechtfertigen sollen. (4)

Prüfungsschwerpunkte der Bilanzpolizei für 2012

Die Bilanzpolizei hat ihre Prüfungsschwerpunkte für das Jahr 2012 bekannt gegeben. Es werden aktuelle Entwicklungen in den Märkten aufgegriffen und jene Themen genauer überprüft, bei denen in der Vergangenheit häufig Fehler aufgedeckt wurden. Besonderes Augenmerk soll auf die folgenden Punkte gelegt werden: (7)

- Bilanzierung von Finanzinstrumenten, die von der Staatsschuldenkrise betroffen sind
- Chancen- und Risikoberichterstattung im Lagebericht
- Wertminderungen von Vermögenswerten inklusive Goodwill
- Unternehmenszusammenschlüsse
- Immobilien, die als Finanzinvestitionen gehalten werden und zum Fair Value bewertet wurden

Trends

Die Präventionsarbeit zur Vermeidung von Fehlern möchte die Prüfstelle weiter intensivieren. Dabei geht es zum Beispiel auch um Hinweise an den Standardsetzer IASB über Probleme bei der Anwendung der internationalen Bilanzierungsnormen. Ganz aktuell hat sich die DPR mit folgenden Punkten an das IASB gewandt:

Die DPR hat das Bilanzgremium IASB aufgefordert, Bewertungsspielräume in der Rechnungslegung einzuschränken. Um den Anforderungen des Kapitalmarkts nach Verlässlichkeit und Vergleichbarkeit an die Jahresabschlüsse gerecht zu werden, schlug die Prüfstelle vor, die Verwendung von Zeitwerten in der Bilanzierung tendenziell eher zu reduzieren als auszuweiten. Des Weiteren sollte bei der Bewertung von Immobilien nicht der Zeitwert zum Ansatz kommen, sondern wieder zur Bilanzierung von Anschaffungskosten zurückgekehrt werden. Nach Ansicht der Bilanzpolizei ist die Aktivierung von Entwicklungskosten komplett zu untersagen. Die Prüfstelle fordert bei der Goodwill-Bewertung, die so genannte Werthaltigkeitsprüfung durch eine regelmäßige Abschreibung zu ersetzen. (2)

Fallbeispiele

Karlheinz Küting, Direktor des Centrums für Bilanzierung und Prüfung an der Universität des Saarlandes, schließt sich der massiven Kritik an den IFRS-Regeln durch die DPR an. Wegen der Zukunftsbezogenheit des IFRS-Systems sind die Angaben mit sehr vielen Unsicherheiten behaftet. Die Bilanzierung nach IFRS ist stark entobjektiviert und stärker subjektiv geprägt. Die IFRS haben entgegen den Versprechungen bei der Einführung keine Verminderung, sondern eine Erhöhung der Gestaltungsmöglichkeiten mit sich gebracht. (2)

Die Geschäfts- oder Firmenwerte in den Bilanzen deutscher Unternehmen haben sich seit 2005 jährlich erhöht. Wie aus einer Untersuchung des Centrums für Bilanzierung und Prüfung an der Universität des Saarlandes hervorgeht, haben sich die Geschäfts- oder Firmenwerte zwischen 2005 und 2010 um über 50 Prozent auf 201,7 Mrd. Euro erhöht. Einbezogen in die Analyse wurden 135 Dienstleistungs-, Handels- und Industrieunternehmen aus den Börsenindizes Dax 30, MDax, SDax und TecDax. Wie aus der Analyse hervorgeht, haben allein die Dax-30-Unternehmen Ende 2010 einen Goodwill von zusammen 160 Mrd. Euro verbucht. Über alle Indizes hinweg hatten die dort enthaltenen Unternehmen 2010 einen Zugang an Geschäfts- oder Firmenwerten von 8,9 Mrd. Euro, die korrespondierenden Abgänge betrugen lediglich 684 Mill. Euro. Dabei übersteigt der Goodwill in vielen Unternehmen das Eigenkapital signifikant. Den höchsten Wert zeigt ProSiebenSat.1 Media, wo der Goodwill laut Analyse 230 Prozent des bilanziellen Eigenkapitals beträgt und gut 37 Prozent der Bilanzsumme. (3)

Der Dax-Konzern Adidas kassierte von der DPR eine Rüge. Der Sportartikelkonzern hatte den Impairment Test unerlaubterweise für Einheiten durchgeführt, die größer waren als die ansonsten in der Bilanz gezeigten Segmente. Adidas hat schon seit Jahren keine Abschreibung auf seinen Goodwill vorgenommen. Dies ist sehr fraglich, denn der Konzern verfehlte bei der Tochter Reebok, auf die ein erheblicher Anteil des Goodwill von gut 1,5 Mrd. Euro entfällt, über Jahre die nach außen gegebenen Planzahlen. (4)

Weiterführende Literatur

(1) Erklärungsbedürftig
aus Frankfurter Allgemeine Zeitung, 19.01.2012, Nr. 16, S. 18

(2) Prüfstelle: Die IFRS-Bilanzen sind unzuverlässig
aus Frankfurter Allgemeine Zeitung, 30.11.2011, Nr. 279, S. 14

(3) Explosive Luft in Bilanzen Goodwill-Bestände steigen - Küting-Studie: Buchwerte allein im Dax 30 knapp 160 Mrd. Euro
aus Börsen-Zeitung, 26.11.2011, Nummer 229, Seite 13

(4) Wie von Zauberhand
aus WirtschaftsWoche NR. 040 vom 01.10.2011 Seite 092

(5) Die Risikoberichterstattung muss besser werden
aus Frankfurter Allgemeine Zeitung, 19.01.2012, Nr. 16, S. 17

(6) Bilanzprüfstelle kritisiert Bewertungsfreiheiten Appell an den internationalen Standardsetzer IASB

aus Börsen-Zeitung, 29.11.2011, Nummer 230, Seite 10

(7) Schuldenkrise treibt Bilanzpolizei um Prüfstelle für Rechnungslegung nimmt Finanzinstrumente und Wertminderungen unter die Lupe
aus Börsen-Zeitung, 21.10.2011, Nummer 203, Seite 11

Impressum

Bilanzpolizei - Festgestellte Bilanzierungsfehler und Wege zu deren Vermeidung

Bibliografische Information der deutschen Nationalbibliothek

Die Deutsche Nationalbibliothek verzeichnet diese Publikation in der deutschen Nationalbibliografie; detaillierte bibliografische Daten sind im Internet über http://dnb.d-nb.de abrufbar.

ISBN: 978-3-7379-1409-3

© 2015 GBI-Genios Deutsche Wirtschaftsdatenbank GmbH, Freischützstraße 96, 81927 München, www.genios.de

Alle Rechte vorbehalten. Dieses Werk ist einschließlich aller seiner Teile – z.B. Texte, Tabellen und Grafiken - urheberrechtlich geschützt. Jede Verwertung außerhalb der Grenzen des Urheberrechtsgesetzes bedarf der vorherigen Zustimmung des Verlags. Dies gilt insbesondere auch für auszugsweise Nachdrucke, fotomechanische

Vervielfältigungen (Fotokopie/Mikroskopie), Übersetzungen, Auswertungen durch Datenbanken oder ähnliche Einrichtungen und die Einspeicherung und Verarbeitung in elektronischen Systemen.